AF470034

SECONDE ET DERNIÈRE

VENTE

DE

P.-V. GALLAND

Mᵉ G. DUCHESNE
COMMISSAIRE-PRISEUR
6, rue de Hanovre, 6

M. Henri HARO
PEINTRE-EXPERT
14, rue Visconti et rue Bonaparte, 20

1895

SECONDE ET DERNIÈRE VENTE

CATALOGUE

des

OEUVRES

DE

P.-V. GALLAND

PEINTURES — COMPOSITIONS DÉCORATIVES

ÉTUDES ET DESSINS

MAQUETTES ORIGINALES — TERRES CUITES

PLATRES

dont la vente aura lieu

HOTEL DROUOT — SALLE N° 6

Les Lundi 13, Mardi 14 et Mercredi 15 Mai 1895

A DEUX HEURES

EXPOSITIONS : SALLES Nos 5 et 6

PARTICULIÈRE	PUBLIQUE
Le Samedi 11 Mai 1895	*Le Dimanche 12 Mai 1895*

de 1 h. 1/2 à 5 h. 1/2

Mᵉ G. DUCHESNE	M. Henri HARO
COMMISSAIRE-PRISEUR	PEINTRE-EXPERT
6, rue de Hanovre, 6	14, rue Visconti et rue Bonaparte, 20

1895

Elle sera faite au comptant.

Les acquéreurs payeront *cinq pour cent* en plus du prix d'adjudication.

Les peintures, compositions décoratives, études et dessins ont été marqués, suivant leur dimension, de l'une des estampilles ci-dessous :

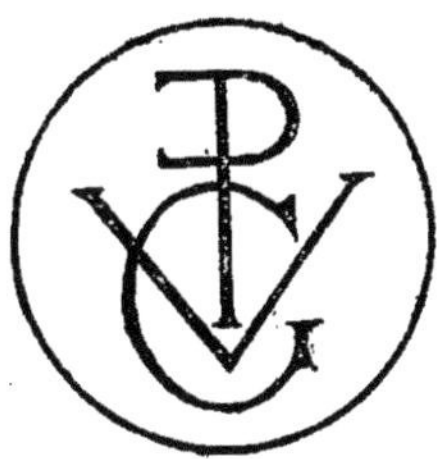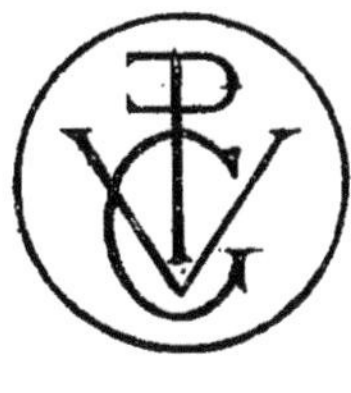

PEINTURES

TABLEAUX

—

ÉTUDES ET ESQUISSES

29 — L'Armurier.

30 — Le Bain.

31 — L'Hôtellerie.

32 — Le Christ et les Saintes Femmes.

33 — L'Hôtellerie.

34 — L'Atelier.

35 — La Sortie du bain.

36 — Intérieur hollandais.

37 — Paysage avec figures.

38 — Léda.

39 — Dame florentine.

54 — Nature morte.

55 — Henri IV et l'Ambassadeur d'Espagne.

56 — Prière à la Madone.

57 — Vénus et Adonis.

58 — Sortie du bain.

59 — Henri IV et ses Enfants.

60 — La Toilette.

61 — La Forge.

62 — Junon.

63 — Marchand de poissons à Londres.

64 — Composition décorative.

65 — Le Bain.

66 — Esquisse.

67 — Femme nue.

96 — Tête d'étude.

97 — Étude.

98 — Paysage; soleil couchant.

99 — Tête de Vieillard.

100 — Étude d'Enfants.

101 — Femme à la toilette.

102 — Le Mauvais Fils.

103 — Le Christ.

Cadre décoré des instruments de la Passion.

104 — La Fin de la vie.

105 — Ébauche.

106 — Étude de Fillettes.

COMPOSITIONS ET ÉTUDES DÉCORATIVES

107 — Enfant à la tortue.

Étude.

108 — Diane au bain.

109 — La Musique.

110 — Camaïeu.

111 — Amours.

Esquisse.

112 — Vénus.

113 — Étude de plafond.

114 — La Géographie.

Dessus de porte.

115 — Motif de plafond.

116 — Enfants.

Frise en camaïeu.

117 — L'Été.

118 — Motif de plafond.

119 — Étude.

120 — Esquisse de plafond.

121 — Mars et Vénus (Hôtel Continental).

122 — Deux Esquisses de plafond, pour l'Hôtel Continental.

123 — Esquisse.

124 — Bacchus enfant.

125 — Le Réveil.

126 — Esquisse, pour M. V. D. B.

127 — L'Abondance.

128 — Quatre Dessus de porte : Enfants.

129 — Esquisse de plafond.

130 — Amours et Fleurs.

Dessus de porte.

131 — Deux Bordures de fruits, pour l'Hôtel de Ville.

132 — Jeux d'enfants.

Dessus de porte.

133 — Esquisse pour le plafond de M. G.

134 — Étude pour « les Métiers » (Hôtel de Ville).

135 — Deux Esquisses de dessus de porte, pour le duc de G...

136 — Panneau de cheminée de M. S...

137 — Le Jour.

138 — L'Aurore.

Étude.

139 — La Cosmographie (Sorbonne).

140 — Étude pour plafond.

141 — Faune et Enfant.

Médaillon.

142 — Panneau décoratif.

143 — Hercule ; Vénus ; Pâris ; Pan.

Quatre médaillons décoratifs. Cartons.

144 — La Poésie; la Navigation ; la Géologie; l'Astronomie; la Musique; la Mécanique; la Musique; l'Agriculture; le Commerce.

Neuf médaillons pour l'Hôtel de Ville. Cartons.

145 — Dessus de porte.

Composition décorative.

146 — Deux Dessus de porte : Instruments de musique et Fleurs.

147 — Trois Dessus de porte : esquisses d'Enfants.

148 — Enfants.

Esquisse de plafond.

149 — Le Char de Vénus.

Médaillon camaïeu sur fond or.

150 — La Poésie.

Panneau décoratif.

151 — Étude pour l'Hôtel de Ville.

152 — Junon.

Étude.

153 — Fleurs et Vases.

Deux études pour les Gobelins.

154 — Enfants.

Panneau décoratif.

155 — L'Adresse.

Étude.

156 — Modèle pour les Gobelins.

157 — Esquisse de plafond, pour M. E. A...

158 — La Peinture ; la Musique.

Deux dessus de porte en camaïeu.

159 — Esquisse pour le plafond de l'Hôtel Continental.

160 — Apollon et les Muses.

Plafond pour M. de R...

161 — Esquisse de plafond, pour M. E. A...

162 — L'Air; esquisse pour plafond.

163 — Esquisse de plafond.

164 — La Toilette de Vénus.

165 — Esquisse de plafond.

166 — Esquisse de plafond.

167 — La Musique.

Esquisse pour plafond.

168 — La Réception et la Fête.

Deux esquisses pour le prince N... (Saint-Pétersbourg).

169 — Esquisse pour plafond.

170 — Étude pour le Panthéon.

171 — Tête de Femme.

Étude pour plafond.

172 — Deux Bordures de fruits.

173 — Scène florentine.

174 — Léda.

175 — Deux Bordures pour le Panthéon.

176 — Esquisse de plafond.

177 — Bacchus.

Étude peinte.

178 — Composition décorative.

179 — Panneau décoratif pour les Gobelins.

180 — Tourment d'amour.

Esquisse d'un panneau décoratif pour M. H...

181 — Esquisse de plafond pour l'Hôtel Continental.

182 — Jeux d'enfants.

Dessus de porte.

183 — Apollon.

184 — Départ pour la chasse.

185 — Esquisse décorative.

186 — La Musique.

187 — Esquisse de plafond.

188 — Naissance de Vénus.

189 — Grisaille.

190 — L'Aurore.

Esquisse de plafond.

191 — Le Cid.

Esquisse.

192 — Amour.

Camaïeu.

193 — L'Architecture.

Camaïeu.

194 — Faune ; médaillon.

Grisaille.

195 — Jeux d'enfants.

Deux dessus de porte.

196 — Enfants et Guirlandes de fleurs.

Deux voussures.

197 — La Musique.

Esquisse de plafond.

198 — Panneau de cheminée.

Esquisse.

199 — La Musique.

Étude.

200 — Jeux d'enfants.

Dessus de porte.

201 — Esquisse pour le « Saint Denis ».

202 — Flore.

203 — La Musique.

Grisaille.

204 — Esquisse de plafond.

205 — Jeux d'enfants.

206 — Esquisse de plafond.

Grisaille.

207 — Jeux d'enfants.

208 — Étude.

209 — Étude de Femme.

Grisaille.

210 — La Danse.

Camaïeu.

211 — La Musique.

Camaïeu.

212 — Mercure.

213 — La Navigation.

214 — Panneau décoratif.

215 — Faune et Enfant ; médaillon.

Camaïeu.

216 — Tête de Femme.

Camaïeu.

217 — Esquisse pour plafond.

218 — Vénus et l'Amour.

Camaïeu.

219 — Amour endormi.

220 — La Marine; médaillon.

Grisaille.

221 — Flore.

Panneau décoratif.

222 — Vénus et l'Amour.

Grisaille.

223 — Tête florentine.

224 — La Vérité.

225 — La Naissance de Vénus.

226 — Esquisse de plafond.

227 — Vase et Fruits.

Esquisse.

228 — Apollon.

229 — Les Trois Grâces.

230 — Le Char d'Apollon.

231 — Panneau décoratif.

Voussure.

232 — Étude pour le Panthéon.

233 — La Toilette de Vénus.

Esquisse de plafond.

234 — Dessus de porte.

235 — Esquisse pour « Henri IV » (Louvre).

236 — Deux Panneaux décoratifs : Paysages.

237 — Deux Esquisses : Préparatifs de fête vénitienne.

238 — Enfant et Guirlande de fleurs.

Écoinçon.

239 — Grande Esquisse de plafond.

240 — Grande Esquisse pour « la Prédication de saint Denis » (Panthéon).

241 — Esquisse pour l'Hôtel de Ville.

242 — Esquisse pour plafond.

243 — L'Air.

244 — Esquisse pour le Panthéon.

245 — Panneau pour l'Hôtel de Ville.

SUJETS DIVERS SOUS VERRES

SOUS UN MÊME CADRE :

246 — 5 peintures, sujets décoratifs.

247 — 2   »   »

248 — 3   »   »

249 — 4   »   »

250 — 5   »   »

251 — 5   »   »

252 — 4   »   »

253 — 5   »   »

254 — 5   »   »

255 — 3 peintures Naïades.

256 — 3 »   »

257 — 9 »   sujets décoratifs.

258 — 3 »   »

259 — 3 »   sujets de tableaux.

260 — 6 »   »   »

261 — 18 »   et dessins, sujets décoratifs.

DESSINS

COMPOSITIONS DÉCORATIVES

---

262 — Dessin original pour le diplôme de l'Exposition universelle de 1889.

263 — Modèle de tapisserie pour la Comédie-Française.

Esquisse.

264 — La Renommée.

Sanguine.

265 — Fontaine; étude.

Mine de plomb.

266 — Vénus et Amour.

Mine de plomb.

267 — Esquisse.

Crayon noir rehaussé.

268 — Panneau décoratif.

Sanguine et crayon noir.

269 — La Première Étape.

Crayon noir rehaussé de blanc.

270 — Esquisse pour l'Académie de Bordeaux.

Panneau décoratif; exécuté en tapisserie.

271 — Le Triomphe de Flore.

Sanguine.

272 — Le Départ.

Panneau décoratif.
Crayon noir.

273 — Le Triomphe de Flore.

Sanguine et crayon bleu.

274 — Panneau décoratif.

Crayon noir.

275 — Sous un même cadre,   6 dessins.

276 —   Id.   14   »

277 —   Id.   5   »

278 —   Id.   7   »

279 —   Id.   10   »

280 —   Id.   11   »

281 —   Id.   8   »

282 —   Id.   5   »

283 —   Id.   6   »

284 —   Id.   13   »

285 —   Id.   20   »

286 —   Id.   7   »

287 —   Id.   9   »

288 —   Id.   9   »

289 — Sous un même cadre, 7 dessins.

290 —   Id. .   14   »

291 —   Id.   12   »

292 —   Id.   15   »

293 —   Id.   11   »

294 —   Id.   5   »

295 —   Id.   20   »

296 —   Id.   20   »

297 —   Id.   15   »

298 —   Id.   18   »

299 —   Id.   17   »

300 —   Id.   16   »

301 —   Id.   6   »

302 —   Id.   10   »

3o3 — Sous un même cadre, 13 dessins.

3o4 —   Id.   13   »

3o5 —   Id.   12   »

3o6 —   Id.   11   »

3o7 —   Id.   20   »

3o8 —   Id.   14   »

3o9 —   Id.   27   »

31o —   Id.   18   »

311 —   Id.   16   »

312 —   Id.   7   »

313 —   Id.   12   »

314 —   Id.   14   »

315 —   Id.   19   »

316 —   Id.   10   »

317. — Sous un même cadre, 12 dessins.

318 —   Id.   7   »

319 —   Id.   10   »

320 —   Id.   13   »

321 —   Id.   10   »

322 —   Id.   17   »

323 —   Id.   8 .   »

324 —   Id.   9   »

325 —   Id.   13   »

326 —   Id.   8   »

327 —   Id.   18   »

328 —   Id.   4   »

329 —   Id.   7   »

330 —   Id.   10   »

331 — Sous un même cadre, 10 dessins.

332 — Id. 8 »

333 — Id. 12 »

334 — Id. 9 »

335 — Id. 8 »

336 — Id. 11 »

337 — Id. 5 »

338 — Id. 9 »

339 — Id. 11 »

340 — Id. 9 »

341 — Id. 10 »

342 — Id. 13 »

343 — Id. 6 »

344 — Id. 6 »

345 — Sous un même cadre, 6 dessins.

346 —   Id.   8   »

347 —   Id.   12   »

348 —   Id.   9   »

349 —   Id.   10   »

350 —   Id.   11   »

351 —   Id.   7   »

352 —   Id.   7   »

353 —   Id.   10   »

354 —   Id.   8   »

355 —   Id.   8   »

356 —   Id.   5   »

357 —   Id.   12   »

358 —   Id.   12   »

359 — Sous un même cadre, 10 dessins.

360 —   Id.   13   »

361 —   Id.   4   »

362 —   Id.   20   »

COMPOSITIONS ET ÉTUDES
POUR TABLEAUX

363 — Sous un même cadre, 8 dessins.

364 —   Id.   9   »

365 —   Id.   10   »

366 —   Id   8   »

367 —   Id.   10   »

368 —   Id.   10   »

369 —   Id.   7   »

370 —   Id.   9   »

371 —   Id.   10   »

372 —   Id.   13   »

373 — Sous un même cadre, 2 dessins.

374 —	Id.	13	»
375 —	Id.	14	»
376 —	Id.	11	»
377 —	Id.	9	»
378 —	Id.	8	»
379 —	Id.	15	»
380 —	Id.	15	»
381 —	Id.	13	»
382 —	Id.	10	»
383 —	Id.	13	»
384 —	Id.	13	»
385 —	Id.	13	»
386 —	Id.	14	»

387 — Sous un même cadre, 15 dessins.

388 —   Id.   10   »

389 —   Id.   10   »

390 —   Id.   15   »

391 —   Id.   14   »

392 —   Id.   10   »

393 —   Id.   11   »

394 —   Id.   10   »

395 —   Id.   8   »

396 —   Id.   12   »

397 —   Id.   13   »

SUJETS DÉCORATIFS

398 — Sous un même cadre, 7 dessins.

399 —   Id.   12   »

400 —   Id.   15   »

401 —   Id.   9   »

402 —   Id.   8   »

403 —   Id.   10   »

404 —   Id.   8   »

405 —   Id.   11   »

406 —   Id.   8   »

407 —   Id.   14   »

408 —   Id.   14   »

409 — Sous un même cadre, 13 dessins.

410 — Id. 8 »

411 — Id. 12 »

412 — Id. 11 »

413 — Id. 14 »

414 — Id. 11 »

415 — Id. 11 »

416 — Id. 13 »

417 — Id. 15 »

418 — Id. 13 »

419 — Id. 9 »

420 — Id. 12 »

421 — Id. 15 »

422 — Id. 9 »

423 — Sous un même cadre, 9 dessins.

424 —   Id.   13   »

425 —   Id.   7   »

ÉTUDES

pour

LA PRÉDICATION DE SAINT DENIS

AU PANTHÉON

426 — Sous un même cadre, 3 dessins.

427 —   Id.   8   »

428 —   Id.   8   »

429 —   Id.   4   »

430 —   Id.   13   »

431 —   Id.   9   »

432 —   Id.   9   »

433 —   Id.   5   »

434 —   Id.   8   »

ÉTUDES ET CROQUIS

435 — Croquis d'Enfants.

Crayon noir.

436 — Amour; croquis d'Enfant.

Sanguine.

437 — Vénus enchaînée par les Amours.

Mine de plomb.

438 — Croquis d'Enfant.

Mine de plomb.

439 — Étude d'Enfants.

Sanguine.

440 — Deux Compositions pour la Sorbonne.

Crayon noir.

441 — La Toilette de Vénus.

Sanguine.

442 — Croquis de Figure.

Sanguine.

443 — Croquis de Figure.

Sanguine.

444 — Croquis d'Enfants.

Sanguine.

445 — Croquis de Femme.

Mine de plomb.

446 — Étude pour la Sorbonne.

Crayon noir.

447 — Étude d'Enfants.

Crayon noir.

448 — Étude de Cariatides.

Mine de plomb.

449 — Melpomène.

Sanguine.

450 — Croquis de Figure.

Sanguine.

451 — Croquis d'Enfants.

Crayon noir.

452 — Étude d'Enfant.

Crayon noir.

453 — Croquis d'Enfant.

Sanguine sur fond or.

454 — Croquis d'Enfant.

Sanguine.

455 — Croquis de Figure.

Mine de plomb.

456 — La Musique; sujet décoratif.

Crayon noir.

457 — Étude.

Sanguine.

458 — Étude de Femme.

Sanguine.

459 — Sujet de tableau.

Sanguine.

460 — Étude de Femme.

Mine de plomb.

461 — Joueur de flûte.

Crayon noir.

462 — Vénus enchaînant l'Amour.

Mine de plomb.

463 — Étude d'Enfant.

Crayon noir.

464 — Étude.

Sanguine.

465 — La Toilette de Vénus.

Plume.

466 — Croquis d'Enfants.

Mine de plomb.

467 — Étude de Figure.

Sanguine.

468 — Étude d'Enfants.

Sanguine.

469 — Croquis d'Enfant.

Crayon noir rehaussé de blanc.

470 — Sujet de tableau.

Crayon noir.

471 — Étude d'Enfants.

Crayon noir et sanguine.

472 — Étude de Femme.

Mine de plomb.

473 — Croquis d'Enfant.

Sanguine.

474 — Étude d'Enfant.

Sanguine.

475 — Trophée d'instruments de musique.

Crayon noir rehaussé de blanc.

476 — Étude de Femme.

Sanguine.

477 — Étude de Femme.

Crayon noir.

478 — Croquis d'Enfant.

Sanguine.

479 — Croquis.

Sanguine.

480 — Étude pour tableau.

Sanguine.

481 — Étude pour tableau.

Sanguine.

482 — Croquis.

Sanguine.

483 — Étude de Femme.

Crayon noir.

484 — Enfants.

Deux pastels.

485 — Étude d'Enfant.

Mine de plomb.

486 — Croquis d'Enfants.

Sanguine.

487 — Étude d'Enfant.

Sanguine.

488 — Croquis d'Enfants.

489 — Étude d'Enfant.

Crayon noir.

490 — Étude pour tableau.

Sanguine.

491 — Étude d'Homme.

Sanguine.

492 — Étude de Femme drapée.

Sanguine.

493 — Croquis d'Enfant.

Sanguine.

494 — Femme au bain.

Sanguine.

495 — Enfant nu; étude.

Sanguine.

496 — Étude d'Amours.

Sanguine.

497 — Amours; étude.

Crayon noir.

498 — La Musique; croquis d'Enfants.

Sanguine.

499 — Étude d'Enfant.

Sanguine.

5oo — Croquis d'Enfants.

Sanguine.

5o1 — Étude de Femme flamande.

Crayon noir rehaussé.

5o2 — Groupe d'Enfants.

Sanguine.

5o3 — Étude de Vieille Femme.

Sanguine.

5o4 — Ronde d'Amours.

Sanguine.

5o5 — Étude d'Enfant.

Sanguine.

5o6 — Conseils à la Jeunesse.

Crayon noir rehaussé de blanc.

5o7 — Croquis d'Amours.

Crayon noir.

5o8 — Croquis d'Enfants.

Étude.

5o9 — Étude d'Enfant.

Sanguine.

51o — Le Jeu.

Sanguine.

511 — Femme et Enfants.

Mine de plomb.

512 — Diane chasseresse.

Mine de plomb.

513 — Croquis pour le Panthéon.

Sanguine.

514 — Femme et Enfants.

Sanguine.

515 — Étude d'Enfant.

Sanguine.

516 — Femme et Enfant.

Sanguine.

517 — Croquis d'Enfant.

Crayon noir.

518 — Cérès.

Mine de plomb.

519 — Croquis d'Enfants.

Sanguine et mine de plomb.

520 — Bacchantes.

Sanguine.

521 — Amour à la trompette.

Sanguine.

522 — La Chasse.

Mine de plomb.

523 — Groupe d'Enfants.

Mine de plomb.

524 — La Toilette.

Sanguine.

525 — Étude d'Enfants.

Sanguine.

526 — Deux Études: l'Été.

Sanguine.

527 — Étude d'Enfants.

Crayon noir.

528 — La Renommée.

Sanguine.

529 — L'Hiver.

Sanguine.

530 — Femme à la cruche.

Crayon noir.

531 — Étude d'Enfants.

Sanguine.

532 — Croquis.

Sanguine.

533 — Étude pour le Panthéon.

Sanguine.

534 — Étude pour le Panthéon.

Sanguine.

535 — Étude pour le Panthéon.

Sanguine.

536 — Croquis d'Enfant.

Crayon noir.

537 — La Peinture; la Géographie; deux croquis de dessus de porte.

Crayon noir rehaussé de blanc.

538 — La Vieillesse.

Sanguine.

539 — Croquis d'Enfants.

Sanguine.

540 — Groupe d'Enfants.

Mine de plomb.

541 — La Musique.

Crayon noir rehaussé de blanc.

542 — Étude d'Enfants.

Sanguine.

543 — Femme endormie.

Sanguine.

544 — Tête de Vieille Femme.

Sanguine.

545 — La Balançoire.

Crayon noir rehaussé de blanc.

546 — L'Eau.

Sanguine.

547 — Étude d'Enfants.

Sanguine.

548 — Joueur de flûte.

Croquis.

549 — Étude de Femme, pour le Panthéon.

Sanguine.

550 — Ronde d'Enfants.

Mine de plomb.

551 — Croquis d'Enfants.

Crayon noir.

552 — Enfant couché.

Sanguine.

553 — Le Triomphe de Vénus.

Mine de plomb.

554 — Les Comédiens.

Crayon noir rehaussé de blanc.

555 — Croquis d'Enfants.

Sanguine.

556 — L'Eau.

Sanguine.

557 — Jeux d'enfants.

Crayon noir.

558 — Étude pour le Panthéon.

Sanguine.

559 — Croquis d'Enfant.

Sanguine.

560 — Étude de Femme.

Crayon noir rehaussé de blanc.

561 — Étude pour le Panthéon.

Sanguine.

562 — Femme couchée.

Crayon noir rehaussé de blanc.

563 — Croquis d'Enfants.

Sanguine.

564 — La Jeunesse.

Sanguine et encre de Chine.

565 — Croquis d'Enfants.

Mine de plomb.

566 — Femme assise.

Sanguine rehaussée de blanc.

567 — Croquis d'Enfant.

Mine de plomb.

568 — La Peur.

Mine de plomb et plume.

569 — Groupe d'Amours.

Crayon noir et sanguine.

570 — Croquis d'Enfant.

Sanguine.

571 — La Chasse.

Mine de plomb et plume.

572 — Enfant au miroir.

Crayon noir rehaussé de blanc.

573 — Croquis d'Enfant.

Sanguine.

574 — Le Fauconnier.

Crayon noir.

575 — Croquis d'Enfant.

Sanguine.

576 — L'Amitié.

Mine de plomb.

577 — L'Amour vainqueur. — L'Amour vaincu.

Deux dessins à la plume, rehaussés de blanc.

578 — Étude pour le Panthéon.

Crayon noir et sanguine.

579 — La Vigne; étude pour « la Terre ».

Sanguine.

580 — Étude pour le Panthéon.

Sanguine.

581 — Valets de chiens et Servante.

Mine de plomb.

582 — La Lutte.

Mine de plomb.

583 — Étude pour le Panthéon.

Sanguine.

584 — Groupe d'Enfants.

Sanguine.

585 — Étude pour le Panthéon.

Sanguine.

586 — Étude d'Enfant.

Sanguine.

587. — Étude pour le Panthéon.

Sanguine.

588. — Étude pour le Panthéon.

Trois crayons.

589 — Croquis d'Enfant.

Sanguine.

590 — Le Départ pour la chasse.

Crayon noir.

591 — Croquis d'Enfant.

Sanguine.

592 — Étude pour plafond.

Crayon noir.

593 — Étude d'Enfants.

Sanguine.

594 — **Croquis d'Enfant.**

Sanguine.

595 — **Croquis d'Enfants.**

Dessin à la plume.

596 — **Étude d'Enfant.**

Mine de plomb.

597 — **Étude d'Enfant.**

Sanguine.

598 — **Croquis d'Enfants.**

Mine de plomb.

599 — **Intérieur.**

Fusain rehaussé de blanc.

600 — **Étude d'Enfants.**

Mine de plomb.

601 — **Croquis pour tableaux.**

Sanguine.

602 — **Croquis d'Enfants.**

Sanguine.

6o3 — Croquis d'Enfants.

Plume.

6o4 — Croquis d'Enfants.

Sanguine et crayon noir.

6o5 — Séléné.

Fusain rehaussé de blanc.

6o6 — Étude d'Enfants.

Sanguine.

6o7 — Ange déchu; étude pour le « Saint Michel ».

Sanguine.

6o8 — Étude pour le plafond de l'Hôtel Continental.

Sanguine.

6o9 — Croquis d'Enfant.

Sanguine.

6io — Le Travail.

Sanguine.

611 — Étude d'Enfants.

Crayon noir.

612 — Bacchante.

Sanguine.

613 — Croquis d'Enfants.

Mine de plomb.

614 — Le Réveil.

Crayon noir rehaussé de blanc.

615 — Étude d'Enfant.

Crayon noir.

616 — Croquis d'Enfants.

Sanguine.

617 — Étude d'Enfant.

Sanguine.

618 — Étude pour le Panthéon.

Sanguine.

619 — Étude d'Enfants.

Crayon noir.

620 — Étude pour le panneau des Trois Grâces.

Crayon noir.

621 — La Comédie et la Musique.

Sanguine.

622 — Groupe d'Enfants.

Sanguine.

623 — L'Hiver.

Sanguine.

624 — La Chasse.

Sanguine.

625 — Croquis d'Enfant.

Sanguine.

626 — Étude d'Enfants.

Sanguine.

627 — Croquis d'Enfant.

Crayon noir.

628 — Étude de Femme.

Sanguine.

629 — Croquis d'Enfants.

Sanguine.

630 — Croquis d Enfant.

Sanguine rehaussée de blanc.

631 — Le Repos.

Sanguine.

632 — Groupe d'Enfants.

Sanguine.

633 — Croquis d'Enfant.

Sanguine.

634 — Étude de Fillette.

Mine de plomb.

635 — Médaillons d'Enfants.

Crayon noir.

636 — Le Patinage.

Crayon noir rehaussé.

637 — Groupe d'Enfants.

Sanguine.

638 — Croquis d'Enfants.

Sanguine.

639 — Deux Figures décoratives.

Sanguine.

640 — La Comédie.

Sanguine.

641 — Ronde d'enfants.

Sanguine.

642 — Groupe d'enfants.

Sanguine.

643 — Femme couchée.

Sanguine.

644 — La Musique et la Comédie.

Sanguine.

645 — Étude pour le Panthéon.

Sanguine.

646 — Panneau décoratif.

Crayon noir rehaussé de blanc.

647 — Croquis d'Enfants pour le tableau « le Jour des cuivres ».

Crayons de couleur.

648 — Étude pour le Panthéon.

Sanguine.

649 — Panneau décoratif.

Crayon noir rehaussé et fond or.

650 — Groupe d'enfants.

Sanguine.

651 — Ronde d'enfants.

Sanguine.

652 — Panneau décoratif.

Crayon noir rehaussé de blanc.

653 — Étude d'Enfant.

Mine de plomb.

654 — Esquisse de plafond.

Sanguine et crayon bleu.

655 — Panneau décoratif.

Crayon noir et fond or.

656 — Faune dansant.

Sanguine.

657 — Composition de médaillons.

Sanguine.

658 — Ronde d'Amours.

Sanguine.

659 — Croquis d'Enfants.

Sanguine.

660 — Ronde d'enfants.

Sanguine.

661 — Étude d'Enfant.

Sanguine.

662 — Bacchus enfant.

Crayon noir rehaussé de blanc.

663 — Étude de Fillette.

Mine de plomb.

664 — Étude pour le Panthéon.

Sanguine et crayon noir.

665 — Groupe d'enfants.

Sanguine.

CROQUIS ET ÉTUDES

D'ENFANTS

666 — Sous un même cadre, 12 dessins.

667 —   Id.   13   »

668 —   Id.   15   »

669 —   Id.   19   »

670 —   Id.   15   »

671 —   Id.   16   »

672 —   Id.   17   »

673 —   Id.   17   »

674 —   Id.   15   »

675 —   Id.   9   »

676 — Sous un même cadre,   5 dessins.

677 —   Id.   8   »

678 —   Id.   10   »

679 —   Id.   8   »

680 —   Id.   6   »

681 —   Id.   8   »

682 —   Id.   6   »

683 —   Id.   6   »

684 —   Id.   20   »

685 —   Id.   14   »

686 —   Id.   12   »

687 —   Id.   12   »

688 —   Id.   12   »

689 —   Id.   14   »

690 — Sous ce numéro seront vendus les Peintures, Études, Compositions et Dessins non catalogués.

MAQUETTES

MAQUETTES ORIGINALES

Vendues avec le droit de Reproduction

691 — La Soif.

Médaillon.

692 — Projet de Socle.

693 — Femme à la cruche.

694 — Enfants au flambeau.

695 — Groupe pour « la Prédication de saint Denis » au Panthéon.

696 — Homme à la cruche.

Étude pour le Panthéon.

697 — La Musique.

698 — Enfant au maillot.

Étude pour le Panthéon.

699 — Femme et Enfant.

Étude pour le Panthéon.

700 — Tympan.

701 — Troubadour.

702 — Maquette pour le tableau « le Jour des cuivres ».

703 — Jeune Homme en armure.

Pour « la Fête vénitienne. »

704 — Étude de trompette.

705 — Enfants au bain.

706 — Étude.

707 — Le Temps.

708 — Socle.

Projet décoratif.

709 — Enfants.

Étude pour plafond.

710 — Homme d'armes.

711 — Étude pour « la Réception et la Fête ».

712 — Chevalier.

Étude pour « la Fête vénitienne ».

713 — Étude de Femme.

714 — Étude de Femme.

715 — Nymphe au bain.

716 — Coffre à bijoux.

717 — Étude pour le Panthéon.

718 — Page.

719 — Étude d'Homme pour « le Marchand
de poissons à Londres ».

720 — Négresse au bain.

721 — Étude d'Infirme pour le Panthéon.

722 — La Pudeur.

723 — Enfant assis.

Étude pour le Panthéon.

724 — La Vue.

725 — Jeune Mère et Enfant.

Étude pour le Panthéon.

726 — Panneau décoratif.

727 — Enfant.

Étude pour le Panthéon.

728 — Buste de Femme; époque Henri II.

729 — Baigneuse.

Étude pour « Venezia ».

730 — La Musique.

731 — Le Fou.

732 — La Réprimande.

733 — Femme à la cruche.

Étude pour le Panthéon.

734 — L'Abondance.

735 — Le Marchand de poissons.

736 — Page.

737 — Le Char d'Apollon.

738 — Torse de Femme.

739 — Tête d'Infirme.

740 — Amour tenant un cartouche.

741 — L'Abondance.

742 — Étude d'Enfant.

743 — Femme et Enfant.

744 — Groupe.

745 — L'Air.

Médaillon.

746 — Étude d'Homme.

747 — Enfants au cartouche.

748 — Vase.

749 — Deux Chapiteaux.

750 — Étude d'Enfant.

751 — Groupe d'enfants.

752 — Panneau décoratif.

753 — Étude d'Enfant, pour le rideau du théâtre de l'Union artistique.

754 — La Chasse.

Médaillon.

755 — Étude d'Enfant, pour les Gobelins.

756 — La Comédie.

Masque.

757 — Deux Médaillons.

758 — Vénus et Amours.

Bas-relief.

759 — Sous ce numéro, divers Jeunes Enfants
et Amours.

TERRES CUITES

VENDUES AVEC LE DROIT DE REPRODUCTION

760 — Amours.

761 — Enfant couché.

> Maquette pour le tableau » Priére à la Madone ».

762 — L'Amour aux fruits.

763 — Le Jeune Temps.

764 — Jeune Enfant.

765 — L'Ouïe.

766 — La Toilette.

767 — Vénus et Amour.

768 — Femme; époque Henri II.

769 — La Toilette de Vénus.

770 — Buste de Femme; époque Renaissance.

771 — Gentilhomme; époque Henri II.

772 — La Toilette de Vénus.

773 — Flore.

774 — Le Repos.

775 — Vénus jouant avec l'Amour.

776 — Femme au livre.

777 — Triboulet.

778 — Buste d'Homme; époque François Ier.

779 — Étude d'Infirme pour le Panthéon.

780 — Homme assis.

Étude pour le Panthéon.

781 — Femme et Enfant.

Étude pour le Panthéon.

782 — L'Éloquence.

783 — Étude d'Infirme pour le Panthéon.

784 — Sous ce numéro, divers Jeunes Enfants
et Amours.

PLATRES

785 — Fronton ; groupe décoratif.

> Cinq épreuves.

786 — Enfants au cartouche.

> Cinq épreuves.

787 — Saint Denis.

> Étude pour le Panthéon.
> Cinq épreuves.

788 — Hercule.

> Cariatide.
> Cinq épreuves.

789 — Ronde d'enfants.

> Bas-relief.
> Cinq épreuves.

790 — Socle.

> Épreuve unique.

791 — Vénus jouant avec l'Amour.

Épreuve unique.

792 — Étude d'Enfant.

Épreuve unique.

793 — Enfant.

Épreuve unique.

794 — L'Été.

Épreuve unique.

795 — L'Automne.

Épreuve unique.

796 — L'Hiver.

Épreuve unique.

797 — La Pêche.

Cinq épreuves.

798 — La Danse.

Cinq épreuves.

799 — Coffret.

Épreuve unique.

800 — Étude de Femme.

Épreuve unique.

801 — Étude de Femme.

Épreuve unique.

802 — Gaine.

Cariatide.
Cinq épreuves.

803 — Enfant au cartouche.

Cinq épreuves.

804 — Fronton.

Épreuve unique.

805 — Faune.

Médaillon.
Cinq épreuves.

806 — La Chasse.

Médaillon.
Cinq épreuves.

807 — Projet de Fontaine.

Cinq épreuves.

808 — Le Paralytique.

Trois épreuves.

809 — Diane de Poitiers.

Maquette pour le tableau de « Diane et Henri II ».
Cinq épreuves.

810 — Projet de Fontaine..

Cinq épreuves.

811 — Flore.

Cinq épreuves.

812 — Le Paralytique.

Trois épreuves.

813 — Vénus Amphitrite.

Cinq épreuves.

814 — Projet de Fontaine.

Cinq épreuves.

19895. — Librairies-Imprimeries réunies, rue Mignon, 2, Paris.

www.ingramcontent.com/pod-product-compliance
Ingram Content Group UK Ltd.
Pitfield, Milton Keynes, MK11 3LW, UK
UKHW020339180726
13839UKWH00002B/811